DORON RABINOVICI

»ALLES KANN PASSIEREN!«

EIN POLITTHEATER

Nach einer Idee und mit einem Nachwort
von Florian Klenk

PAUL ZSOLNAY VERLAG

In Erinnerung an Rudolf Gelbard
(1930 bis 2018)

1. Auflage 2018
ISBN 978-3-552-05943-6

Satz: Gabi Adébisi-Schuster, Wien
Umschlag: Anzinger und Rasp, München
Druck und Bindung: GGP Media GmbH, Pößneck
Printed in Germany

FSC
www.fsc.org
MIX
Papier aus verantwortungsvollen Quellen
FSC® C014496

Eine Vorstellung für vier Schauspielerinnen

Protagonisten (in der Reihenfolge ihrer Auftritte):

MATTEO SALVINI
derzeit Innenminister und stellvertretender Ministerpräsident Italiens

HERBERT KICKL
derzeit Innenminister Österreichs

VIKTOR ORBÁN
derzeit Ministerpräsident Ungarns

JAROSŁAW KACZYŃSKI
derzeit Vorsitzender der polnischen Regierungspartei PiS

MATEUSZ MORAWIECKI
derzeit Ministerpräsident Polens

HEINZ-CHRISTIAN STRACHE
derzeit Minister für öffentlichen Dienst und Sport sowie Vizekanzler Österreichs

NORBERT HOFER
derzeit Minister für Verkehr, Innovation und Technologie Österreichs

MILOŠ ZEMAN
derzeit Staatspräsident Tschechiens

Das, was gesagt wird, kann doch nicht wahr sein, denken wir, doch wen kümmert's schon, denn es wird wahr, indem es gesagt wird. Was nicht stimmt, stimmt ein, um die anderen niederzustimmen. Das Unsagbare ist wieder ausgesprochen beredt.

SPRECHERIN:
Matteo Salvini, Straßburg, 2017

MATTEO SALVINI (Europäisches Parlament, Straßburg, April 2017):
(schreiend)
Ich entschuldige mich beim Publikum hier im Saal und draußen an den Bildschirmen für diesen Irrsinn in diesem Haus. Ihr seid doch nicht normal meiner Meinung nach. Wir haben zwanzig Millionen Arbeitslose in Europa, wir haben den islamischen Terrorismus, Migration außer Kontrolle, und mit was beschäftigt ihr das Europa-Parlament am Mittwochnachmittag …? Mit dem Knebeln von Facebook, mit Fake-News … Euch sollte ein sehr guter Arzt therapieren.
Ich würde gerne wissen …

PARLAMENTSPRÄSIDENT:
Sehr geehrter … sehr geehrter … sehr geehrter Salvini.

MATTEO SALVINI: *(vertrauensvoll, ironisch ans Publikum)*
Danke für euren Applaus, aber Vorsicht, sie schmeißen euch raus, wenn ihr mir da oben applaudiert.

PARLAMENTSPRÄSIDENT:
Sehr geehrter Salvini, entschuldigen Sie …

MATTEO SALVINI: *(provokant)*
Darf ich jetzt fortfahren …

PARLAMENTSPRÄSIDENT:

Nein, Sie müssen mir zuerst zuhören. Sie müssen nicht nur respektieren, dass dieses Haus demokratisch über das Thema entschieden hat, sondern auch Ihren Kollegen Respekt entgegenbringen.

MATTEO SALVINI: *(ironisch)*

Ich sage doch nur, dass ihr meiner Meinung nach nicht normal seid, mit vollem Respekt. Darf ich nun fortfahren?

PARLAMENTSPRÄSIDENT:

Herr Salvini, ich teile Ihnen nur mit, dass Sie mit Ihren Worten vorsichtig sein sollten. Danke.

MATTEO SALVINI:

Also, diese vage Bedrohung lässt mich weder kalt noch warm. Wenn das europäische Volk gegen den islamistischen Terrorismus ist, bedeutet das, dass es islamophob ist. Ist es gegen die Homo-Adoption, ist es homophob. Ist es für die Schließung von Zigeuner-Camps oder für die Beendigung der Flüchtlingsinvasion, bedeutet es, sie sind Rassisten.

Nein. Das bedeutet, sie haben einen gesunden Menschenverstand und sind freie Menschen! Euch geht es schlecht, ihr schafft es nicht mehr, die Gehirne der Menschen zu kaufen und alle Zeitungen, Nachrichten und Radiostationen zu kontrollieren. England hat gewählt, wie es wollte, USA hat gewählt, wie es wollte, Italien hat gewählt, wie es wollte.

Ihr seid am Durchdrehen, also was lässt ihr euch einfallen? Knebel auf Facebook. Knebel im Internet, Strafen fünf Millionen, fünfzig Millionen. Ihr führt ein Wahrheitsministerium nach George Orwell ein. Ein Propagandaministerium (…)

Ihr könnt euch alles einfallen lassen, was ihr wollt. Das Einzige, was ihr sicher tun werdet, ist, eure Koffer zu packen und euch eine richtige Arbeit suchen, weil die Wahrheit nicht gestoppt werden kann, nicht von hier aus oder woanders. Danke, es lebe das Internet, und es lebe Facebook.

SPRECHERIN:
Linz, Kongress »Verteidiger Europas«, 2016

HERBERT KICKL (Kongress »Verteidiger Europas«, Redoutensäle, Linz, 29. Oktober 2016):
Und ich muss ja sagen, es ist für mich sehr, sehr angenehm, schon nach den ersten Vorgesprächen, und auch jetzt, wenn ich hier herunterschaue, es ist ein Publikum, wie ich mir das wünsche und wie ich mir das vorstelle, und es ist etwas ganz etwas anderes, wie wenn man im Parlament steht, dort redet und in diesen frustrierten, dauerbetroffenen linken Flügel der Roten und der Grünen hineinschaut, wo's nur mehr mieselsüchtige Gestalten gibt. Also das werden doch hoffentlich nicht diese politischen Kräfte sein, die die Zukunft Europas für sich beanspruchen, dass sie die auch nur in irgendeiner Art und Weise artikulieren wollen.

Nun, meine sehr geehrten Damen und Herren, und ich freue mich auch, dass das, was ich hier sehe, so ganz gar nicht dem entspricht, was ich in den letzten Tagen im Radio schon in der sogenannten *heavy rotation* gehört habe, was ich in den Medien gelesen habe, wie bösartig diese Leute hier alle sind, die sich treffen.

Also ich kann Ihnen eines sagen: Sie sind's mit Sicherheit nicht, jetzt stehe ich vor dem Problem, möglicherweise bin ich es – nicht? –, der damit gemeint war als das personifizierte Böse, im Zusammenhang mit dieser linken Jagdgesellschaft, aber ich darf Ihnen versichern, ich fühle mich auch nicht betroffen von all diesen Etikettierungen, mit denen man da um sich geworfen hat; von wegen rechtsextrem, Ultranationalist, Neonazi usw. usw.

Also ich fühle mich auch nicht betroffen, Sie sind es nicht, wir geben uns aber trotzdem nicht der Hoffnung hin, dass das irgendetwas an der Berichterstattung der schon zu Recht kritisierten Mainstream-Medien ändern wird, denn wenn die Linken etwas sind, dann sind sie resistent gegen Fakten, meine sehr geehrten Damen und Herren.

Ich habe deshalb so begonnen, wie ich begonnen habe, weil ich in den letzten Tagen immer wieder eben von Vertretern dieser Mainstream-Medien kontaktiert wurde mit immer der gleichen Frage: »Sagen Sie uns doch, Herr Kickl, sagen Sie uns doch bitte, warum fahren Sie denn (…) zu diesem schrecklichen Kongress?« Und ich habe mir gedacht, ich gebe meine Antwort hier und heute, und zwar in Form einer Gegenfrage: »Ja, verdammt noch einmal, warum denn nicht, liebe Dauerbetroffene, warum denn nicht, verdammt noch einmal?« Und ich glaube, das ist die einzige Antwort, die diese Damen und Herren verdienen. (…)

Und ich für meinen Teil, ich denke keine Sekunde daran, dass ich in Zukunft vielleicht beim Herrn Öllinger[1], diesem, diesem grünen Fossil aus längst vergangenen Tagen, und seinen Verbindungsleuten im *Standard*, die da eine Art Gesinnungsstasi betreiben quer über das Land, dass ich bei denen anfragen werde. Oder dass ich beim Herrn Rauscher[2] anfragen werde, dessen Gedankenwelt in so ein kleines Kasterl im *Standard* passt. Oder dass ich nachfragen werde, oder dass ich nachfragen werde vielleicht beim Dokumentationsarchiv des österreichischen Widerstandes, einem Verein, der an der Spitze der sogenannten Skala der unnötigen Vereine steht. Mit Sicherheit werde ich das nicht tun (Applaus), sondern ich werde, ich werde mir das freie Wort und die freie Wahl meiner Auftrittsorte von niemandem verbieten lassen.

Meine sehr geehrten Damen und Herren, ich weiß also nicht, wo heute ein Kongress (…) der Rechtsextremen, der Neonazis oder sonst was stattfindet, das weiß ich nicht. Ich bin heute in der Früh ins Auto gestiegen und bin zu einer Veranstaltung gefahren, wo sich Menschen treffen, ja, die sich weder ihre Heimatliebe noch ihren Hausverstand,

1 Karl Öllinger, Jahrgang 1951, langjähriger Abgeordneter der Grünen im österreichischen Parlament, der sich u.a. mit den Verbindungen zwischen der FPÖ und der rechtsextremen Szene beschäftigte.

2 Hans Rauscher, Jahrgang 1944, österreichischer Journalist, bekannt u.a. durch seine Kolumnen in der Tageszeitung *Der Standard*.

noch ihr kritisches Denken nehmen lassen, und ich bin zu einem Kongress gefahren, wo sich Menschen treffen, für die die Europäische Union im gegenwärtigen Zustand mit Sicherheit nicht das Paradies auf Erden ist (…).

Danke, meine sehr geehrten Damen und Herren. Danke noch einmal für die Einladung zu einem Kongress der ganz normalen Leute!

»Was jemand willentlich verbergen will, sei es nur vor andern, sei es vor sich selber, auch was er unbewusst in sich trägt: die Sprache bringt es an den Tag. (...) Die Aussagen eines Menschen mögen verlogen sein – im Stil seiner Sprache liegt sein Wesen hüllenlos offen. (...)

Aber Sprache dichtet und denkt nicht nur für mich, sie lenkt auch mein Gefühl, sie steuert mein ganzes seelisches Wesen, je selbstverständlicher, je unbewusster ich mich ihr überlasse. Und wenn nun die gebildete Sprache aus giftigen Elementen gebildet oder zur Trägerin von Giftstoffen gemacht worden ist? Worte können sein wie winzige Arsendosen: sie werden unbemerkt verschluckt, sie scheinen keine Wirkung zu tun, und nach einiger Zeit ist die Giftwirkung doch da.«

Victor Klemperer: LTI. Notizbuch eines Philologen, 1947

SPRECHERIN:
Viktor Orbán, Straßburg, 2018

VIKTOR ORBÁN (Europäisches Parlament, Straßburg, 11. September 2018):
Ich weiß, dass Sie Ihren Standpunkt bereits ausgebildet haben. Ich weiß, dass die Mehrheit von Ihnen für die Annahme des Berichtes stimmen wird. Ich weiß auch, dass meine Wortmeldung Ihre Meinung nicht verändern wird. Ich bin trotzdem hierher zu Ihnen gekommen, denn Sie werden jetzt nicht eine Regierung, sondern ein Land und ein Volk verurteilen. Sie werden jenes Ungarn verurteilen, das seit tausend Jahren Mitglied der Familie der christlichen europäischen Völker ist. Jenes Ungarn, das mit seiner Arbeit, und wenn es notwendig war, dann mit seinem Blut zur Geschichte unseres großartigen Europa beigetragen hat. Sie werden jenes Ungarn verurteilen, das aufbegehrt und zu den Waffen gegriffen hat gegen die größte Armee der Welt, gegen die sowjetische, und ein schweres Blutopfer für die Freiheit und die Demokratie gebracht hat, und das, als es notwendig war, seine Grenzen für seine ostdeutschen Schicksalsgenossen öffnete. Ungarn hat für seine Freiheit und seine Demokratie gekämpft. Jetzt stehe ich hier, und ich sehe, dass gerade jene Ungarn anklagen, die die Demokratie als Erbe erhalten haben, die selber für die Freiheit kein persönliches Risiko eingehen mussten, und sie wollen jetzt die ungarischen Freiheitskämpfer des antikommunistischen, demokratischen Widerstandes verurteilen.

Sehr geehrte Abgeordnete! Ich stehe jetzt deshalb hier und verteidige meine Heimat, weil für die Ungarn die Freiheit und die Demokratie, die Unabhängigkeit und Europa eine Frage der Ehre darstellen. Deshalb sage ich, dass der vor Ihnen liegende Bericht die Ehre Ungarns, die Ehre des ungarischen Volkes verletzt. (...)

Jede Nation und jeder Mitgliedsstaat besitzt das Recht zu entscheiden, auf welche Weise sie ihr eigenes Leben im eigenen Land einrichten. Wir schützen unsere Grenzen, und nur wir werden entscheiden, mit wem wir zusammenleben. Wir haben einen Zaun errichtet und Hunderttausende von illegalen Migranten aufgehalten, wir haben Ungarn verteidigt, und wir haben Europa verteidigt. Der heutige Fall ist der erste in der Geschichte der Europäischen Union, in dem eine Gemeinschaft ihre eigenen Grenzwächter verurteilt. (...)

Reden wir geradeheraus: Man will Ungarn verurteilen, weil die ungarischen Menschen beschlossen haben, dass unsere Heimat zu keinem Einwanderungsland wird. Auf das Entschiedenste weise ich es zurück, dass die aufseiten der Einwanderung stehenden Kräfte des Europäischen Parlaments Ungarn und den Ungarn drohen, sie erpressen und Ungarn (...) verleumden. Ich teile Ihnen bei allem Respekt mit, dass ganz gleich, was für eine Entscheidung Sie treffen werden, Ungarn der Erpressung nicht nachgeben wird. Ungarn wird seine Grenzen schützen, die illegale Migration aufhalten und seine Rechte verteidigen, wenn es sein muss, dann auch Ihnen gegenüber.

SPRECHERIN:
Matteo Salvini, Straßburg, 2017

MATTEO SALVINI (Europäisches Parlament, Straßburg, 3. Mai 2017):
Es kommt mir vor, als würden fünfhundert Millionen Europäer von Puppen und Marionetten regiert. Während die Terroristen in Europa Blut vergießen, strengt man einen Prozess gegen Ungarn an. Man kümmert sich um die Rechte der Zigeuner, um falsche Flüchtlinge, um die Milliarden von Soros, jedoch nicht um eine legitim gewählte Regierung. (...) Was sollen wir tun, Panzer dorthin schicken wie 1956, nutzen wir Sanktionen anstelle von Raketen?

Es kommt mir so vor, als hätte sich in den letzten sechzig Jahren nichts geändert. Anstatt Panzern nutzt ihr nun die Banken. (...) Anstatt gegen Ungarn und Polen zu prozessieren, verteidigt lieber unsere zwanzig Millionen europäische Arbeitslose und unsere Grenzen, lieber Europa-Kommissar. Sie, der Mitglied der Partei eines Herrn ist, der behauptet, Südeuropa würde Geld nur für Alkohol und Frauen ausgeben.

Er sollte sich schämen, auch nur einen Fuß in dieses Parlament zu setzen, er sollte dem von den ungarischen Bürgern legitim gewählten Premier mehr Respekt zeigen (...)

Herr Orbán, im Namen der Lega Nord und im Namen von Millionen Italienern, danke für das, was Sie tun, danke für das, was Sie tun werden, danke für Euren Widerstand gegen das Diktat der Europäischen Sowjetischen Union.

Es lebe die Freiheit, es lebe Ungarn!

SPRECHERIN:
Viktor Orbán, Băile Tuşnad, 2014

VIKTOR ORBÁN (Offene Universität und Studentencamp, Băile Tuşnad, Rumänien, 26. Juli 2014):
In der Welt herrscht ein Wettrennen darum, wer (…) jenen Staat erfindet, der am ehesten dazu in der Lage ist, eine Nation international erfolgreich zu machen. (…) Das »Schlager-Thema« im allgemeinen Denken ist es, jene Systeme zu verstehen, die nicht westlich, die nicht liberal, die keine liberalen Demokratien, die vielleicht sogar nicht einmal Demokratien sind, die aber dennoch Nationen erfolgreich machen. Die »Stars« in den internationalen Analysen sind Singapur, China, Indien, Russland, die Türkei. (…) Das, was wir in den letzten vier Jahren gemacht haben und was wir in den nächsten vier Jahren machen werden, ist tatsächlich auch von daher zu interpretieren. (…) Indem wir uns von den in Westeuropa akzeptierten Dogmen und Ideologien lossagen und uns von ihnen unabhängig machen, suchen wir (…) jene Form der Gemeinschaftsorganisation, jenen neuen ungarischen Staat, die dazu in der Lage sind, unsere Gemeinschaften mit einer jahrzehntelangen Perspektive im großen Wettrennen der Welt wettbewerbsfähig zu machen.

Bisher kannten wir drei Formen der Staatsorganisation: den Nationalstaat, den liberalen Staat und den Wohlfahrtsstaat. Die Frage lautet nun: Was kommt als Nächstes? Die ungarische Antwort darauf lautet: Es dürfte das Zeitalter des arbeitsbasierten Staates folgen. Wir wollen eine arbeitsbasierte Gesellschaft organisieren, die – wie ich schon früher erwähnte – das Odium auf sich nimmt, dass sie offen ausspricht, dass sie hinsichtlich ihres Charakters keine liberale Demokratie ist.

Um dazu imstande zu sein, mussten wir (…) einen Satz aussprechen, der in der liberalen Weltordnung (…) zur Kategorie der Blasphemie gehörte. Wir mussten aussprechen, dass eine Demokratie nicht notwendigerweise liberal sein muss. Etwas, das nicht liberal ist, kann noch eine Demokratie sein.

(…) Mit anderen Worten, die ungarische Nation ist nicht einfach eine bloße Ansammlung von Individuen, sondern eine Gemeinschaft, die organisiert, gestärkt, ja sogar aufgebaut werden muss. In diesem Sinne ist also der neue Staat, den wir in Ungarn bauen, kein liberaler Staat, sondern ein illiberaler Staat. Wenn ich mir (…) die NGO-Szene in Ungarn anschaue, die regelmäßig in der Öffentlichkeit auftaucht (…), dann sehe ich, dass wir es hier mit bezahlten politischen Aktivisten zu tun haben. Und diese bezahlten politischen Aktivisten sind zudem vom Ausland bezahlte politische Aktivisten. (…) Wenn wir also statt dem liberalen Staat unseren nationalen Staat neu organisieren wollen, ist es sehr wichtig, uns klarzumachen, dass wir es hier nicht mit Zivilen zu tun haben, sich uns keine Zivile entgegenstellen, sondern bezahlte politische Aktivisten, die versuchen, in Ungarn ausländische Interessen durchzusetzen. Aus diesem Grund ist es sehr angemessen, dass im ungarischen Parlament ein Ausschuss mit der Aufgabe zustande gekommen ist, die ausländische Einflussnahme ununterbrochen zu beobachten, zu dokumentieren und zu veröffentlichen, damit wir alle, auch Sie, genau wissen können, wer die wahren Akteure hinter den Masken sind. (…) Zum Schluss möchte ich Ihnen im Hinblick auf die Zukunft einen Satz sagen, der von einem so hohen Amtsträger vielleicht etwas dürftig erscheinen mag. Das Wesen der Zukunft ist Folgendes: Alles kann passieren. Und »alles« ist ziemlich schwer zu definieren.

»Lügen erscheinen dem Verstand häufig viel einleuchtender und anziehender als die Wahrheit, weil der Lügner den großen Vorteil hat, im Voraus zu wissen, was das Publikum zu hören wünscht.«

Hannah Arendt: Die Lüge in der Politik, 1972

SPRECHERIN:
Jarosław Kaczyński, Warschau, 2015

JAROSŁAW KACZYŃSKI (Sejm, Polnisches Parlament, Warschau, 16. September 2015):
Es geht hier nicht um die Aufnahme dieser oder jener Anzahl von Ausländern. Es geht vielmehr darum, dass die reale Gefahr besteht, dass damit ein Prozess in Gang gesetzt wird, der ungefähr so aussehen würde: Zuerst steigt die Zahl der Ausländer rasant an, dann halten sich diese nicht an unsere Gesetze und gesellschaftlichen Normen, bis sie uns schließlich ihre Empfindlichkeit und ihre Bedürfnisse in allen öffentlichen und anderen Lebensbereichen aufzwingen. Und das auf eine sehr gewalttätige und aggressive Art und Weise. Wenn jemand sagt, das entspreche nicht der Wahrheit, dann soll er sich einmal in Europa umschauen. Er soll nach Schweden schauen, wo in 54 Zonen die Scharia gilt. Die Menschen fürchten sich dort, eine schwedische Flagge, die mit einem Kreuz versehen ist, zu hissen. Schwedische Schülerinnen dürfen keine kurzen Röcke tragen, weil das nicht gern gesehen wird.

Und was passiert in Italien? Besetzte Kirchen, die als Toiletten benutzt werden. In Frankreich? Ewiger Streit, Scharia, Patrouillen, die die Einhaltung der Scharia-Gesetze überwachen. Wollen Sie, dass das auch in Polen passiert? Dass wir nicht mehr die Herren in unserem eigenen Haus sind? Die Polen wollen das nicht (...)

Man kann nicht radikal die Multikulturalität aller Menschen durchsetzen. Wenn man es aber macht, müsste man allen und nicht nur einigen helfen. Dann müssten wir uns zur Gänze öffnen – nicht nur für Menschen, die unter dem Krieg leiden. Zirka eine Milliarde Menschen leiden Hunger – nehmen wir sie doch alle auf! Das sind die Konsequenzen, wenn man etwas von der politischen Philosophie versteht.

Jede wohlhabende Familie in unserem Land sollte zuerst arme Landsleute bei sich aufnehmen.

(...) Und wer hat den sozialen Anreiz für die Flüchtlinge geschaffen? Deutschland – und hier hat Orbán recht –, es ist ein deutsches Problem, nicht unseres. Wir können den Flüchtlingen helfen, aber auf unsere für Polen sichere Weise.

Es ist auch der Vorwurf von Kolonialismus gefallen – Polen hat sich daran nicht beteiligt. Das zweite Argument betrifft die Politik der USA und einiger westlicher Länder im Nahen Osten. Polen hat sich daran nicht beteiligt. Es gibt noch ein Argument in der jüngsten Vergangenheit, aber auch im vorigen Jahrhundert. Haben die emigrierten Polen in den neuen Ländern jemandem ihre Lebensweise aufgezwungen oder andere terrorisiert? Nein! Sie haben hart gearbeitet - und oft mit übertriebener Demut.

(...) Und letztendlich das Argument, dass wir von der EU Geld bekommen. (...) Und wofür? Dafür, dass wir den großen und mächtigsten Ländern in Europa die Möglichkeit der Entscheidung über unsere eigenen Interessen überlassen. Sie bekommen eine mächtige Möglichkeit der Einmischung in die Hand. Wir bekommen das Geld nicht umsonst. Sie kaufen das ganz billig, deshalb haben wir keine Gewissensbisse. Wir haben dafür das Recht, unsere eigene Souveränität zu verteidigen, und das Recht, den ungeheuerlichen Aussagen europäischer Politiker zu widersprechen. Wir haben das Recht, uns gegen die Diffamierungskampagne zur Wehr zu setzen, die die Feinde Polens gegen uns führen, Menschen, die vor lauter Hass gegen uns geradezu verrückt sind. Sich nicht zur Wehr zu setzen wäre beschämend und ein Skandal, es wäre eine Schande und ein politischer Fehler.

SPRECHERIN:
Viktor Orbán und Jarosław Kaczyński, Krynica/Polen, September 2016

VIKTOR ORBÁN:
Ich liebe es, mit dem Vorsitzenden Kaczyński zu sprechen, denn Politiker in Europa sind so kurzsichtig. Wir sind es nicht. Es heißt ja, wenn du jemandem vertraust, kannst du mit ihm gemeinsam Pferde stehlen. Die Ungarn wollen gerne mit den Polen Pferde stehlen.

JAROSŁAW KACZYŃSKI:
Es gibt ein paar Ställe und einen besonders großen Stall namens EU, wo wir mit den Ungarn zusammen Pferde stehlen können.

SPRECHERIN:
Viktor Orbán, Budapest, 2017

VIKTOR ORBÁN (Budapest, 27. Juni 2017):
Ich begrüße alle Anwesenden recht herzlich am Geburts-

tag unseres Königs, des heiligen Sankt Ladislaus. Der heilige Ladislaus stärkte den ungarischen Staat, der vor jedem äußeren Angriff und innerer Kabale Schutz bot. Unter den Mächtigen verfolgte er eine Realpolitik, durch die er die Unabhängigkeit unseres Landes sicherte. »Stopp Brüssel.« Er schützte die Ungarn vor den Verheerungen durch die nomadischen Völker. »Stopp Migranten.« Auf dem Weg des heiligen Stephan voranschreitend stärkte er die Identität des ungarischen Staates und der ungarischen Nation. »Stopp Soros.« Seit tausend Jahren beschreiten Ungarn diesen Weg, und diesen Weg wollen auch wir, heutige Ungarn, nicht verlassen.

(…) Zwei gewichtige historische Fragen bedrohen heute die Einheit Europas. Die erste ist das Problem der illegalen Einwanderung, die wir berechtigterweise als neuzeitliche Völkerwanderung zu bezeichnen pflegen. Die andere Frage ist, in Richtung auf welche Zukunft hin wir uns bewegen: auf Brüssels Europa oder das Europa der Nationen hin? (…)

Multikulti ist gescheitert. (…) Die in die westlichen Länder unvernünftigerweise hineingelassenen Migranten wollen sie jetzt unter denen verteilen, die sich verteidigt haben und die Migranten nicht in ihr eigenes Land hineingelassen haben, wie zum Beispiel Ungarn. Natürlich verstehen wir sie, in Wirklichkeit wollen auch sie die Migranten loswerden, nur sie geben es nicht zu. Sie schämen sich dafür. Deshalb haben sie sich den Spruch von der Solidarität ausgedacht, ist es doch eleganter, sich auf die das moralisch Gute ausdrückende Solidarität zu berufen, als zuzugeben, dass man jetzt die Migranten schon außerhalb des eigenen Landes sehen möchte. Das Volk ist natürlich nicht derart verschämt und schüchtern – sie gestehen es offen ein, dass sie die Quote für die einzelnen Länder aus dem Grunde unterstützen, weil dies bedeutet, dass man dann von ihnen Migranten wegbringen wird. Dies ist die Wahrheit! (…) Wir schlagen vor, wer keine Migranten mehr haben möchte, soll diese nicht innerhalb Europas verteilen, sondern sie aus Europa hinaustransportieren. Hierzu leisten wir jede erdenkliche Hilfe.

(…) Auch in Italien wird darüber bereits offen diskutiert, und auch in den übrigen Ländern wird es immer schwieriger zu verschleiern, dass Menschenschmuggler und die sogenannte NGOs, die eine illegale Einwanderung unterstützen, ein gemeinsames Mafia-Netzwerk bilden. Daher ist es verständlich, dass die Ungarn wissen und kontrollieren möchten, wer diese aus dem Ausland finanzierten Organisationen unterstützt, was deren Ziele sind und was sie hier in unserem Land tun. Kurzum, die Antwortgeber haben sich praktisch in völliger Einstimmigkeit dafür ausgesprochen, dass die Ungarn die Leitung nicht Brüssel übergeben wollen. (…) Ungarn ist ein starkes und stolzes europäisches Land, das standhaft zu seiner Meinung und seinen Interessen steht. So ist die Lage.

(…) Zusammenfassend ist zu sagen, dass die Europäer sich ein europäisches Europa, das heißt die ursprüngliche Europäische Union der Gründer und nicht ein Königreich Brüssel wünschen.

Dort, wo man ein Königreich errichtet, gibt es im

Hintergrund selbstverständlich auch immer Königsmacher. In der Geschichte waren dies häufig extrem reiche, mächtige und einflussreiche Personen, die aufgrund ihres Reichtums in der Regel auch von einem Gefühl der Überlegenheit erfüllt waren. (...) Auch derzeit befindet sich im Hintergrund ein entschlossener und erfolgreicher Finanzmann, der sich selbst als wesentlich überlegen betrachtet. Und welch ein Malheur, es handelt sich ausgerechnet um einen Ungarn mit dem Namen György Soros.

(...) Wir sollten auch darauf achten, dass unsere Gegner die antisemitische Karte ausgespielt haben. Wir weisen dies zurück.

»Wo prinzipiell und nicht nur gelegentlich gelogen wird, hat derjenige, der einfach sagt, was ist, bereits zu handeln angefangen, auch wenn er dies gar nicht beabsichtigte.«

Hannah Arendt: Wahrheit und Politik, 1972

MATEUSZ MORAWIECKI (Münchener Sicherheitskonferenz, Februar 2017): *(als Einwurf, unterbricht Orbán)*
Natürlich wird das nicht strafbar sein, wenn man sagt, dass es polnische Täter gab, so wie es jüdische Täter, russische, ukrainische und nicht nur deutsche Täter gab.

VIKTOR ORBÁN (Budapest, 27. Juni 2017): *(heftiger)*
Diese Debatte besitzt keine rassische oder Abstammungsgrundlage.

MATTEO SALVINI (auf Twitter, 3. Juli 2018): *(unterbricht)*
Der einzige Rassismus in Italien ist der der Linken gegen die Italiener selbst.

VIKTOR ORBÁN (Budapest, 27. Juni 2017): *(lauter)*
Wir diskutieren auf solch einer Grundlage einfach nicht.

HEINZ-CHRISTIAN STRACHE (Pressekonferenz, Wien, 24. April 2018): *(unterbricht)*
Eine Kritik an einer Person, gleich welche Religion sie hat, muss ja legitim sein. Und noch dazu, wenn dahinter ganz konkrete Belege und Quellenangaben sich befinden, dass jemand einen Punkteplan auch unterstützt, der vorgesehen hat, dass man über eine Million Menschen, Migranten nach Europa bringen wollte, der auch fünf Millionen Dollar für Vereine, die das unterstützen, vorgesehen hat und viele Punkte mehr.

VIKTOR ORBÁN (Budapest, 27. Juni 2017):
Für uns zählt das Gewicht der Argumente und nicht die Abstammung dessen, der die Argumente besitzt. Ein jeder kennt den Standpunkt der Regierung, die Nulltoleranz gegenüber dem Antisemitismus.

HEINZ-CHRISTIAN STRACHE (Akademikerball, Wien, 26. Jänner 2018):
(unterbricht Orbán)
Wir sind keine Opfer, wir sind auch keine Täter. Aber es ist unsere Pflicht, klar Stellung zu beziehen gegen Antisemitismus, Rassismus und totalitäres Denken. (…) Und wer dieses Verständnis nicht trägt, der ist bei uns nicht willkommen und hat bei uns nichts verloren!

VIKTOR ORBÁN (Budapest, 27. Juni 2017): *(immer lauter)*
Wir alle wissen, dass die Gemeinschaft unserer jüdischen Mitbürger in Ungarn unter dem Schutz der Regierung steht, und so lange wir für die öffentlichen Zustände des Landes verantwortlich sind, werden sie auch immer mit diesem Schutz rechnen können. Und auch wenn es besser ist, diesen morastigen Boden möglichst schnell zu verlassen, sollten wir so viel aber anmerken, dass jene, die uns mit Antisemitismus attackieren, in Wirklichkeit mit den Migranten den Antisemitismus in zehntausendfachen Kontingenten nach Europa hereintransportieren.

HEINZ-CHRISTIAN STRACHE (Akademikerball, Wien, 2012):
(als Einwurf)
Wir sind die neuen Juden!

VIKTOR ORBÁN (Budapest, 27. Juni 2017): *(überschreit ihn)*
Unsere Migrantenpolitik dient also auch dem Interesse der jüdischen Gemeinschaften in Europa, und dies ist auch dann so, wenn diese Gemeinschaften sich nicht offen für ihre elementaren Interessen einsetzen und es stumm bleibend zulassen, dass gegen die auch sie schützenden Ungarn ungerechte Attacken geführt werden. (…)

HEINZ-CHRISTIAN STRACHE (Akademikerball, Wien, 2012):
(als Einwurf)
Wir sind die neuen Juden!

VIKTOR ORBÁN (Budapest, 27. Juni 2017):
Wir werden nicht zulassen, dass Soros zuletzt lacht.
(Bálványos, 2017):
Damit Europa leben kann und Europa das Europa der Europäer bleibt, muss die Europäische Union zuerst ihre Souveränität gegenüber dem Soros-Imperium zurückgewinnen. Auf diesem Schlachtfeld kämpfen heute die mitteleuropäischen Länder.

»Die Ereignisse von 1938 bis 1945 hätten spätestens 1928 bekämpft werden müssen. Später war es zu spät. Man darf nicht warten, bis der Freiheitskampf Landesverrat genannt wird. Man darf nicht warten, bis aus dem Schneeball eine Lawine geworden ist. Man muss den rollenden Schneeball zertreten. Die Lawine hält keiner mehr an! Sie ruht erst, wenn sie alles unter sich begraben hat. Das ist die Lehre, das ist das Fazit dessen, was uns 1933 widerfuhr. Das ist der Schluss, den wir aus unseren Erfahrungen ziehen müssen, und es ist der Schluss meiner Rede. Drohende Diktaturen lassen sich nur bekämpfen, ehe sie die Macht übernommen haben. Es ist eine Angelegenheit des Terminkalenders. Nicht des Heroismus.«

Erich Kästner: Über das Verbrennen von Büchern, 1958

(Im nächsten Abschnitt stehen Matteo Salvini und Viktor Orbán vorne. Wie in einer Doppelconférence)

SPRECHERIN:
Matteo Salvini, Koblenz, 2017

MATTEO SALVINI (Konferenz »Europa der Nationen und der Freiheit«, Koblenz, 21. Jänner 2017):
Mit meinem Herzen bin ich bei den Opfern der Erdbeben und von Schnee und Frost in Italien, mit den freiwilligen Helfern, mit den Rettungstruppen. In diesem Moment sind Tausende von Italienern ohne Häuser, ohne Licht, ohne Heizung. Und in diesem Moment befinden sich Tausende von Immigranten in den Hotels.

Das ist nicht Solidarität, das ist Wahnsinn! Es ist ein Selbstmord! (…)

Ich richte (…) an die ganze AfD meine besten Wünsche für eine fruchtbare und lang anhaltende Partnerschaft in der Fraktion »Europa der Nationen und der Freiheit«.

Mit Enthusiasmus können wir verkünden, dass wir eine Wette schon gewonnen haben. Vor drei Jahren haben wir gewettet, dass nicht alles für Europa und seine Völker verloren sei. Heute weht endlich ein Wind der Freiheit um die Welt, ergreift und ermutigt die Bürger und verbindet sie so.

Good luck and good job, Mister Trump!

Er bringt Sehnsucht all jenen, die erniedrigt worden sind durch ein ruinöses Modell, das ihnen eine Globalisierung ohne Regeln auferlegte; er bringt die Hoffnung, dass der Abwärtsstrudel, den die autoritären EU-Eliten, denen keinerlei Autorität zusteht, verursacht haben, unterbrochen werden kann. (…)

Dies ist ein historischer Tag.

Der Lauf der Geschichte erlegt uns heute die Aufgabe auf, diese Sehnsucht nach einem Wandel zu erfüllen.

Wir haben eine große Verantwortung. Das Europa, das sich heute noch in Konstruktion befindet, spielt in der Welt eine Nebenrolle, seine Wettbewerbsfähigkeit ist auf Armut gegründet, es wird zum Absatzmarkt für Produkte anderer Nationen.

Und es könnte sogar, welche Schande, ganz auf die Europäer verzichten.

Ganze Völker werden skrupellos durch unkontrollierte Einwanderung ausgetauscht (…)!

SPRECHERIN:
Viktor Orbán, Băile Tuşnad, 2017

VIKTOR ORBÁN (Offene Universität und Studentencamp, Băile Tuşnad, Rumänien, 2017):
Das Land, das demografisch im Niedergang begriffen ist und, sprechen wir geradeheraus, nicht einmal dazu in der Lage ist, sich selbst biologisch aufrechtzuerhalten, ist vielleicht ein Land, das auch gar nicht benötigt wird. Solch ein Land verschwindet. In der Welt bleiben nur jene Gemeinschaften erhalten, die zumindest im biologischen Sinne in der Lage sind, sich selbst zu erhalten, und – Hand aufs Herz – Ungarn ist heute noch kein solches Land. (…) Es gibt keine kulturelle Identität ohne eine stabile ethnische

Zusammensetzung. Die ethnische Zusammensetzung eines Landes zu verändern ist identisch mit der Veränderung der kulturellen Identität. Ein starkes Land kann sich so etwas niemals erlauben, besonders wenn es nicht durch irgendeine Weltkatastrophe dazu gezwungen wird. (…) In unserem Fall gibt es keine starke ungarische Gemeinschaft, und es gibt keinen starken ungarischen Staat, wenn es uns nicht gelingt, das Weltungarntum in einer Gemeinschaft zu vereinen. Ohne auf Details einzugehen, möchte ich nur so viel sagen, dass Ungarn nur dann stark sein kann, wenn es im Weltmaßstab derart organisiert ist, dass, wenn irgendwo, in welchem Winkel der Welt auch immer, man einem Ungarn auf den Fuß tritt, weil er ein Ungar ist, dann in Budapest eine rote Lampe aufleuchten muss. Wenn wir das erreicht haben, dann ist Ungarn ein starkes Land.

Die kommenden Jahrzehnte werden eine Hauptfrage in Europa besitzen, und diese lautet, ob Europa das Europa der Europäer bleiben wird? Sie lautet, ob Ungarn das Land der Ungarn bleiben wird? Ob Deutschland das Land der Deutschen sein wird? Ob Frankreich das Land der Franzosen sein wird? Oder ob Italien das Land der Italiener sein wird oder nicht? Wer wird in Europa leben? Dies ist die historische Frage, der wir heute ins Auge blicken müssen.

(…) Die Wahrheit ist aber, dass wir keine erfolgreiche Integration kennen. Das ist offensichtlich, dass die Migration keine Antwort auf die Lösung der wirtschaftlichen Probleme und des Arbeitskräftemangels ist. (…) Auch ich weiß, dass es jene verzweifelte Situation gibt, in der es die Schiffbrüchigen nicht mehr aushalten und das Meerwasser trinken – das ist auch Wasser, nur löscht es nicht den Durst, sondern vergrößert das Übel. Wer die Probleme der Wirtschaft mit Migranten lösen will, der bringt sich selbst ungefähr in dieselbe Situation.

SPRECHERIN:
Matteo Salvini, Koblenz, 2017

MATTEO SALVINI (Konferenz »Europa der Nationen und der Freiheit«, Koblenz, 21. Jänner 2017):
Ich denke, jeder von uns weiß, dass der Euro als Experiment gescheitert ist. Ein kriminelles Experiment.

Als Staatsmänner müssen wir uns also für die Zeit danach vorbereiten (…)

Wir haben die Alternative zwischen einer regellosen Globalisierung oder aber dem Respekt für die Bedürfnisse der Völker, dem Respekt vor ihrer Identität.

Zuerst bin ich »Milanese«, dann Lombardier, dann Italiener. Europa kommt erst danach.

Obwohl die Medienpropaganda, wie in den USA und in Großbritannien, versucht, die Stimme des Volkes als Ausdruck einer Mehrheit von Verlierern darzustellen, von minderwertigen und ungebildeten Leuten, die zu einfach sind, um die unschätzbaren Vorteile der Politik zu verstehen, die uns von den Finanzeliten auferlegt werden, entsteht ein neues Bewusstsein aus der Asche des Desasters auf.

Und ich sage: Es leben die Populisten, es leben die Nationalisten, und *(eindringlich ans Publikum)* es lebe dieser Saal!

Jemand muss unser Volk vor dem islamischen Terrorismus schützen, der sich das Dogma der Masseneinwanderung von Frau Merkel zunutze macht, um zu behaupten, dass Europa ihnen gehöre.

Europa ist nicht islamisch, Europa ist unser Zuhause!

Europa ist nicht und wird niemals islamisch sein!

SPRECHERIN:
Viktor Orbán, Bálványos, 2017

VIKTOR ORBÁN (Bálványos, Rumänien, 24. Juli 2017):
Wenn im Mutterland unser Ungarntum in Gefahr gerät, wenn Europa in Ungarn in Gefahr gerät, was wird dann mit den Ungarn jenseits der Landesgrenzen? (…)

MATTEO SALVINI (Konferenz »Europa der Nationen und der Freiheit«, Koblenz, 21. Jänner 2017):
Der Respekt vor Regeln, die Wiederherstellung der Grenzen dienen nicht nur dem Kampf gegen den Terror. Sie bedeuten wahre Solidarität und helfen jenen, die wirklich leiden. (…) Wir werden auch die Versuche aufdecken müssen, die wir schon in Italien und Frankreich sehen, den Ärger des Volkes durch falsche Anführer oder falsche Anti-System-Bewegungen zu beschwichtigen.

Sie dienen dem System, um Zwietracht unter uns zu säen und den Widerstand zu brechen oder zu zähmen.

VIKTOR ORBÁN (Bálványos, Rumänien, 24. Juli 2017):
Und schließlich muss ich Ihnen auch offen einige Sätze

über unsere Gegner sagen, weil unsere wirklichen Gegner werden jetzt nicht die ungarischen Oppositionsparteien sein. (…) Die Situation ist die, dass wir in der vor uns stehenden Kampagne in erster Linie gegenüber den äußeren Kräften bestehen müssen. Die Methoden kennen wir.

MATTEO SALVINI (Konferenz »Europa der Nationen und der Freiheit«, Koblenz, 21. Jänner 2017):
Wir tragen die Verantwortung in einer entscheidenden Phase für unseren Kontinent!

VIKTOR ORBÁN (Bálványos, Rumänien, 24. Juli 2017):
Aber wir sollten auch festhalten, dass Ungarn seine Interessen gegenüber den häufig rauen, derben, ja zeitweilig flegelhaften Äußerungen bisher besonnen und kultiviert, ja, ich könnte auch sagen, im europäischen Stil verteidigt und seine Antworten gegeben hat.

MATTEO SALVINI (Konferenz »Europa der Nationen und der Freiheit«, Koblenz, 21. Jänner 2017):
Wir sind wahrscheinlich die Ersten einer neuen Führungsschicht, die den Auftrag hat, das Interesse ihres eigenen Volkes voranzustellen.

Denn es ist Zeit für mutige Entscheidungen, wenn wir den Frieden und die Demokratie schützen wollen. (…)

VIKTOR ORBÁN (Bálványos, Rumänien, 24. Juli 2017):
Summa summarum könnte ich, meinen heutigen Vortrag in einem einzigen Satz abschließend, sagen, dass wir vor

27 Jahren hier, in Mitteleuropa, daran glaubten, dass Europa unsere Zukunft sei. Jetzt haben wir das Gefühl, dass wir die Zukunft Europas sind.

MATTEO SALVINI (Konferenz »Europa der Nationen und der Freiheit«, Koblenz, 21. Jänner 2017):
Ein neues Europa ist möglich!

Ich zitiere Mister Trump: »We will bring back our jobs, our borders, our welth, we'll bring back our future and our dreams.«

Ein neues Europa ist möglich.

SPRECHERIN:
Herbert Kickl, Wien, 2017

HERBERT KICKL (Parlament, Wien, 9. November 2017):
(…) Ich möchte Sie alle, meine sehr geehrten Damen und Herren, an Folgendes erinnern: Wir alle, jeder Einzelne von uns, egal, ob es sich um einen wiedergewählten Mandatar oder um einen Neuling in diesem Haus handelt, sitzen hier aus einem einzigen Grund, und dieser einzige Grund ist, dass uns der Souverän, dass uns das Volk – ja, das Volk, das ist das Volk, von dem in der Verfassung die Rede ist, auf die wir heute angelobt worden sind – hierhergebracht hat. (…) Genau aus diesem Grund, meine sehr geehrten Damen und Herren, füge ich jetzt etwas hinzu, was mir sehr wichtig ist: Für mich, für uns Freiheitliche sitzen hier in diesem Haus nur Demokraten. Hier in diesem Haus sitzen als gewählte Mandatare nur Demokraten.

Es steht, meine sehr geehrten Damen und Herren, niemandem zu, irgendjemandem von uns diese Einstellung abzusprechen oder das in Frage zu stellen. Ich halte das in aller Deutlichkeit fest, weil es ein wichtiger Punkt ist, der gerne von sogenannten Intellektuellen in ihrer Intellektualität übersehen wird.

SPRECHERIN:
Norbert Hofer, Wien, 2017

NORBERT HOFER (Akademikerball, Wien, 3. Februar 2017):
Als ich bei meiner Gesinnungsgemeinschaft begonnen habe, hat es immer geheißen, es wird eines Tages möglich sein, dass diese FPÖ zweitstärkste Partei in Österreich werden könnte. Dass sie sogar vielleicht irgendwann einmal den Vizekanzler stellen könnte. Irgendwann, in ganz ferner Zukunft, einen Bundeskanzler. Aber eines werden wir nie schaffen: einen Bundespräsidenten zu stellen. Das wollen die Österreicher nicht.

Und diese Haltung hat sich im letzten Jahr doch sehr geändert. Es ist unglaublich, was gelungen ist – mit Haltung. Indem man einfach für seine Gesinnung einsteht. Indem man nicht sagt: »Ich bin jemand ohne Gesinnung. Ich bin plötzlich jemand, der sich zu seiner Gesinnung nicht verpflichtet fühlt.« Indem man sagt: »Nein, ich trage diese Fahne nicht.« Doch ich trage diese Fahne! Und ich trage sie mit Stolz!

SPRECHERIN:
Hofer klopft sich auf das schwarz-rot-goldene Band an seiner Brust.

NORBERT HOFER (Akademikerball, Wien, 3. Februar 2017):
Bitte lassen Sie sich niemals beirren von dem, was tagtäglich auf uns einprasselt. Tagtäglich, wenn wir in einer Stunde der Unvernunft ORF-Kanäle genießen oder das *profil* oder *News* lesen. Lassen Sie sich davon nicht beeinflussen. Die Zeiten haben sich sehr geändert. Viele junge Menschen sind da. Ich weiß es von meinen Kindern, die sehen sich diese Kanäle und diese alten Zeitungen nicht mehr an. Sie sind modern, indem sie selbständig sind. Indem sie sich ein eigenes Bild machen. Indem sie frei sind. Freiheit ist unser höchstes Gut. Dafür stehen wir alle, die wir hier versammelt sind.

Daher bitte ich Sie: Geben Sie diese aufrechte Haltung, diesen festen Willen, gegen die Mittelmäßigkeit ankämpfen zu wollen, an jene weiter, die Ihnen lieb und wichtig sind. An Ihre Kinder, an Ihre Freunde. An alle Menschen, die in Ihrem Leben eine Rolle spielen.

Denn der Sinn einer Gesellschaft ist es, sich zu erheben. Und alle, die wir hier versammelt sind, werden einen Beitrag dazu leisten, damit sich dieses Land, damit sich diese Farben wieder erheben können (…)

SPRECHERIN:
Viktor Orbán, Budapest, 2018

VIKTOR ORBÁN (Budapest, 15. März 2018):

(...) Europa und Ungarn stehen inmitten eines zivilisatorischen Kampfes. Wir blicken einer Völkerwanderung ins Auge, die die bisherige Ordnung unseres Lebens und unsere Lebensweise in Gefahr bringt. Wir müssen also zugleich unsere Ergebnisse verteidigen und dafür kämpfen, damit es überhaupt einen Sinn hat, weiterzumachen. Ohne die Bewahrung unserer Lebensweise verliert alles seinen Sinn. Wenn das Land nicht mehr ungarisch ist, wozu das schöne Land? (...) Wir glauben auch weiterhin an die Kraft der Liebe und des Zusammenhalts, aber wir werden dagegen kämpfen, was das Imperium von George Soros mit Ungarn macht und machen will. Das ist unsere Heimat, das ist unser Leben, wir haben keine andere, deshalb werden wir um sie bis zum Letzten kämpfen, und wir werden nie aufgeben. Die ungarische Geschichte hat uns daran gewöhnt, dass wir auch um Dinge kämpfen müssen, die bei glücklicheren Völkern eine Selbstverständlichkeit sind.

(...) Ungarische Jugendliche, die Heimat braucht euch jetzt. Die Heimat braucht euch jetzt, kommt und kämpft mit uns, damit – wenn ihr dann eines Tages die Heimat brauchen werdet – die Heimat dann noch existiert.

(...) Es ist nur noch geblieben, mit den Worten der Nationalhymne den lieben Gott um seinen Beistand zu bitten. Jetzt nicht singend, sondern gesprochen, als Gedicht, wie es uns Ferenc Kölcsey beigebracht hat. So etwas haben wir bisher noch nicht gemacht, versuchen wir es zusammen. »Gott segne den Ungarn mit Frohsinn und mit Überfluss an allen Gütern. Halte Deine schützende Hand über ihn, wenn er mit dem Feinde kämpft. Ein schweres Schicksal bedrückt ihn schon lange. Schenke ihm jetzt frohe Zeiten. Genug gebüßt hat dieses Volk für Vergangenes und für die Zukunft!« Ungarn! Die Fahnen hoch! Geht und kämpft! Es lebe die ungarische Freiheit, es lebe die Heimat! Auf zum Sieg!

Vorwärts Ungarn!

SPRECHERIN:
Miloš Zeman, Prag, 2015

MILOŠ ZEMAN (Weihnachtsansprache, Prag, 2015):
Manchmal komme ich mir vor wie Kassandra, die davor warnt, das Trojanische Pferd in die Stadt zu holen. Aber ich bin zutiefst überzeugt, dass das, womit wir es hier zu tun haben, keine spontane Fluchtbewegung ist, sondern eine organisierte Invasion. Die Invasion wird von der Muslimbruderschaft organisiert. Mit der Aufnahme von Migranten würden wir den Nährboden für barbarische Angriffe auf dem Gebiet der Tschechischen Republik schaffen. Die einzige Lösung ist die Deportation von Wirtschaftsflüchtlingen und denjenigen, die für religiöse Gewalt und religiösen Hass eintreten, kurz gesagt, Terrorismus planen.
(Radio, Sommer 2015):
Erster Satz: Niemand hat euch hierher eingeladen. Zweiter Satz: Wenn ihr schon hier seid, dann müsst ihr unsere Regeln respektieren, so wie wir eure Regeln respektieren, wenn wir in eure Länder fahren. Und der dritte Satz: Wenn euch das nicht gefällt, dann haut ab.

(Weihnachtsansprache, Prag, 2015):
Dieses Land ist unser Land, es ist nicht für alle da und kann auch nicht für alle da sein.

SPRECHERIN:
Viktor Orbán, Budapest, 2018

VIKTOR ORBÁN (Budapest, 16. Juni 2018):
Die Außengrenze muss verteidigt werden, dies ist die Vorbedingung für den freien Verkehr im Inneren. Der Schutz der Grenze ist eine obligatorische Hausaufgabe. Der Grenzschutz ist keine gesamteuropäische, sondern eine nationale Aufgabe, die der Mitgliedsstaaten (…)

Ist ein Kompromiss in der Debatte um die Migranten möglich? Nein, er ist gar nicht nötig. Manche meinen, jede der diskutierenden Parteien sollte etwas nachgeben, sie sollten sich die Hände reichen, und es sollte zu einem Handschlag kommen. Das ist eine falsche Annäherung. Es gibt Fragen, in denen es niemals eine Übereinstimmung geben wird. Es wird sie nicht geben, und es ist auch nicht notwendig, dass es sie gibt. Solch eine ist zum Beispiel die der Einwanderung. Wir kennen kein einziges Dokument, in dem stünde: »Wenn du der Europäischen Union beitrittst, musst du zu einem Einwanderungsland werden.« Als wir beitraten, haben wir uns zu nichts dergleichen verpflichtet.

SPRECHERIN:
Herbert Kickl, Wieselburg, 2017

HERBERT KICKL (Wieselburg, Österreich, 29. Juni 2017):
Ihr braucht's eich keine Sorgen mochn, weil ich so viele Zetteln mithob, ich werd schon versuchn, es kurz zu mochn, weil erstens was i nämlich, dass Zelte, dieser Ort, net dafir do sind, dass ma große Redn holt, sondern die haben einen anderen Bestimmungszweck, ja, zweitens bin i selber durstig, und das Bier dort untn soll net olzu kolt wern (…).

Und noch etwas ist schön, dass man in Tagen wie diesen, wo ja der nächste Flüchtlingsansturm schon vor der Tür steht, dass ma weiß, dass dieses Zelt nicht zweckentfremdet ist für gonz andere Unterbringungsarten, wo ma dann net wissen, aus welcher Herren Länder dann wieder Schutzbefohlene und Wirtschaftsflüchtlinge daherkommen und dann in unseren Zelten herumliegen und uns auf den Taschen. Wie auch immer: Hoffentlich bleibt dieses Zelt dem Bestimmungszweck, den es hat, treu. Wenn's nach uns geht, auf jeden Foll. (…)

Wisst's ihr, ich komm ja aus dem Parlament. Ich mecht net sagn, ich bin geflohn, aber ich bin gern kummen. Ich bin wirklich gern kummen, net nur, weil's dort viel heißer ist als hier, sondern weil dieses Parlament, das sogenannte Hohe Haus – mog schon sein, dos' a Hohes Haus is, aber eines in vielen Bereichen nimmer is, nämlich ein Haus des Volkes, des is es in vielen Bereichen schon lang nicht mehr.

SPRECHERIN:
Matteo Salvini, Straßeninterview, 2017

MATTEO SALVINI (18. Februar 2017):
Wir brauchen eine Massenreinigung, Straße für Straße, Piazza um Piazza, Nachbarschaft für Nachbarschaft. Wir müssen hart sein, denn es gibt ganze Teile unserer Städte, ganz Italien, die außer Kontrolle sind.

HERBERT KICKL (Wieselburg, Österreich, 29. Juni 2017):
Heute sitzen's noch auf ihre Plastiksackeln oder, was i net, Cordtaschen oder auf ihre Koffern irgendwo in Afghanistan oder in Afrika umanand, aber morgen, das garantiere ich euch, da liegen's uns schon auf den Toschen, da liegen's uns schon auf den Toschen, das hat sich schon herumgesprochen, und das können wir und das wollen wir net zulassen, weil i seh das net ein, dass ein Österreicher, ein Orbeiter, a Bauer, der fünfundvierzig Jahr g'hackelt hot und dann in die Pension geht, dass der gleich viel oder weniger hot wie jemand, der grad des Wort Asyl aussebringt, ja, der vielleicht noch lügt, dass sich die Bolken biegn beim Einleiten dieses ganzn Verfohrens, der dann den Status kriegt und ab dem Moment die Mindestsicherung und andere Sozialleistungen bezieht, ab diesem Moment. Und der andere muss fünfundvierzig Johr dafür hackeln, hot vielleicht a Familie großgezogen, hot Verantwortung übernommen, war beim Bundesheer, hat seinen Dienst an der Gemeinschaft geleistet, und diese Schweinerei, das ist das rotschwarze System und nix anderes. Das ist es. Wir redn dann von integrieren? Die lachn uns ja alle aus. Die lachn uns ja alle aus. Ja, weil nach sechs Jahrn, ich weiß net, ob ihr das alle wisst, weil nach sechs Jahrn kriegen diese

Asylanten die Staatsbürgerschaft de facto nachgschmissn. (Pfiffe) Wunderbar: Sechs Johr musst es aushalten, und dann bist du österreichischer Staatsbürger. Na, des hob ma gebraucht. Ihr kennt's euch noch daran erinnern, was uns versprochen worden ist: Die Hochqualifizierten, die kommen. Qualifikation ist versprochen worden. Testosteron ist geliefert worn. Normalerweise müsst ma an Untersuchungsausschuss mochen. Ein Untersuchungsausschuss wegen Liefermangels.

Und die Schmäh kenn ma schon, wie des dann geht. Damit dann plötzlich, damit die Statistik noch einigermaßen stimmt, ja? Wenn einer Nasen bohrt, ist er ein HNO, und wann aner Zechennägel schneiden kann, dann geht er als Orthopäde durch. So bring i des vielleicht noch hin, ober anders nimmer.

SPRECHERIN:
Matteo Salvini, Fernsehen, TeleLombardia, 2018

MATTEO SALVINI (Fernsehen, TeleLombardia, 18. Juni 2018):
Ich habe das Ministerium gebeten, ein Dossier zur Roma-Frage in Italien vorzubereiten. Leider, was Roma mit italienischer Staatsbürgerschaft angeht, müssen wir die in Italien behalten.

Wir wollen vor allem die Kinder betreuen, die nicht regelmäßig zur Schule gehen dürfen, weil sie es vorziehen, ein kriminelles Leben zu führen. Wir wollen auch prüfen, wie Millionen Euro aus europäischen Fonds ausgegeben werden.

SPRECHERIN:
Matteo Salvini, auf Twitter

MATTEO SALVINI (auf Twitter, August 2016):
Sobald wir die Regierung bilden, wird die Polizei freie Hand beim Säubern der Stadt haben. Die unsere wird eine ethnisch kontrollierte und finanzierte Säuberung sein, dieselbe, die gerade die Italiener erleiden, die von den Illegalen unterdrückt werden.
(auf Twitter, 21. Juli 2015):
Ich würde gerne das Strafgesetz ändern: Es ist kein Verbrechen, wenn du einen Zigeuner, der klaut, verprügelst. Seid ihr auf meiner Seite?
(auf Twitter, April 2015):
Mit einer Vorankündigung von sechs Monaten werde ich alle Roma-Camps dem Erdboden gleichmachen. Dazu kommt: Ich gebe diese Vorankündigung von sechs Monaten und verkünde jetzt schon »die ruspa« – den Baggereinsatz.

SPRECHERIN:
Heinz-Christian Strache, Wien, 2018

HEINZ-CHRISTIAN STRACHE (Wien, 14. September 2018):
Ich lade den ungarischen Ministerpräsidenten Viktor Orbán und seine Fidesz-Partei gerne zu einer zukünftigen Zusammenarbeit in eine gemeinsame EU-Fraktion ein!

Und ich sage auch Danke an Innenminister Salvini, der hier in kurzer Zeit ähnlich wie auch wir hier in Österreich gezeigt hat, wie rasch man auch positive Veränderungen umsetzen kann, wenn man nur will. Geht nicht, gibt es nicht. Und er hat gezeigt, wie auch in der Art und Weise seiner Politik illegale Migration von Afrika ausgehend Richtung Italien gestoppt und unterbunden wurde. (...) Und ich darf dich nunmehr um deine Worte bitten, mein lieber Freund.

SPRECHERIN:
Strache weist auf Salvini.

MATTEO SALVINI (Wien, 14. September 2018):
Bei der Wahl nächstes Jahr werden wir Europa völlig verändern und die Sozialisten von der europäischen Regierung vertreiben. Wir arbeiten mit vielen anderen Parteien, Ländern und Regierungen zusammen, um die Geschichte dieses Kontinents im kommenden Mai zu verändern.

Ich bin überzeugt davon, dass wir in ein paar Monaten dann gemeinsam mit Orbán Europa regieren werden.

VIKTOR ORBÁN 1:
Das Wesen der Zukunft ist Folgendes: Alles kann passieren.
VIKTOR ORBÁN 2:
Und »alles« ist ziemlich schwer zu definieren.
VIKTOR ORBÁN 3:
Alles kann passieren.

(Stimmungswandel auf der Bühne. Die Schauspielerinnen klappen die Textbücher zu. Sie treten aus den Rollen hervor.)

SCHAUSPIELERIN:
Alles kann passieren, weil es eben nicht unangekündigt geschieht.

SCHAUSPIELERIN:
Das Unsägliche wird ausgesprochen, damit es nicht mehr das Unerhörte ist.

SCHAUSPIELERIN:
Es soll allen das Fürchten gelehrt werden – und die vielen, die meinen, dies sei ohnehin nicht so schrecklich, sind ängstlicher als diejenigen, die vor der Angstmache warnen.

SCHAUSPIELERIN:
Wer sagt, es werde schon nicht so heiß gegessen wie gekocht, verschweigt, dass letztlich immer alles verzehrt werden muss, was noch auf den Tisch kommt.

SCHAUSPIELERIN:
Später wird keiner geglaubt haben, wozu die schon imstande gewesen sein werden; und niemand wird gewollt haben, was alles noch passieren konnte.

SCHAUSPIELERIN:
Hier ging es darum, das Unerhörte zu benennen und klardeutsch vorzutragen.

FLORIAN KLENK

Die illiberale Allianz

Österreich als Versuchsstation Europas

Österreich verändert sich. Europa verändert sich. Wir erleben den »Systemwechsel«, wie es der junge konservative Bundeskanzler Sebastian Kurz nennt. An allen Ecken und Enden kommt eine prosperierende Konsensdemokratie, ein starker Sozialstaat, eine weltoffene europäische Gesellschaft mit ihren Freiheitsrechten unter Druck.

In Gefahr ist auch die gemeinsame Sprache Europas. Die Juristen nennen diese Sprache den Acquis, das bezeichnet den gemeinsamen Bestand an europäischen Rechten und Pflichten. Europa entwickelte den Acquis nach den Erfahrungen des 20. Jahrhunderts. Er umfasst nicht nur wirtschaftliche Freiheiten, sondern auch die menschenrechtlichen Abwehrrechte gegenüber dem Staat, sowie die Freizügigkeit der Person und das Recht, aufgrund seiner Herkunft nicht diskriminiert zu werden. Der Acquis, den jedes EU-Mitgliedsland zu übernehmen hat, wenn es EU-Mitglied werden will, definiert das bürgerlich-liberale Europa. Der Acquis hat aus kommunistischen Diktaturen auch juristisch westliche, liberale Gesellschaften gemacht. Und nun auf einmal steht er zur Disposition. In Italien, Ungarn, Polen, Tschechien, Großbritannien, Rumänien, ja sogar im spanischen Katalonien sind Nationalisten am Wort. An ihrer Sprache kann man sie erkennen.

Österreichs Regierungsparteien, einmal die ÖVP, dann wieder die FPÖ, umarmen diese Kräfte in ganz Europa: den Lega-Politiker Matteo Salvini in Italien; in Ungarn den Fidesz-Autokraten Viktor Orbán; in Frankreich Marine Le Pen vom Front National (heute Rassemblement National); und in Deutschland die radikale AfD oder den am rechten Rand polternden Horst Seehofer. Sogar Donald Trump bewundern die Freiheitlichen als Mann des Volkes.

Russlands Präsident Vladimir Putin beobachtet all das mit Wohlwollen. Er ist ein gerngesehener, geschätzter Gast, nicht nur auf der privaten Hochzeit der österreichischen Außenministerin in der Südsteiermark, wo er, umschwärmt und von Ministern bewundert, das bizarre Trachtenspektakel und den Knicks der Ministerin filmen und in Moskau propagandistisch ausschlachten ließ. Österreich, das Trojanische Pferd Putins, wie der britische *Guardian* spottete. Die Regierung als Steigbügelhalter der Illiberalen.

Muss man panisch werden? Nein. Europas Institutionen sind stark. Die Zivilgesellschaft ist wach. Noch. Aber den illiberalen Kräften beim Sprechen zuzuhören ist das Gebot der Stunde. Deshalb kam mir die Idee, ihre Reden auf die Bühne zu bringen, um die Sprache dieser autoritären Politik zu verdeutlichen. Nicht irgendeine Bühne, sondern die Bühne des Akademietheaters, wo das Ensemble des Burgtheaters spielt. Der Schriftsteller Doron Rabinovici fügte die Reden zu einem Theaterstück zusammen, die Direktorin Karin Bergmann öffnete ihr Haus.

Rabinovicis Montage zeigt: Das rechte Gerede hat etwas gemeinsam. Es sind verführerische Worte, verlockend, betörend sogar, mitunter sogar humorvoll. Sie beschwören eine nationale Vergangenheit, die vor den Wogen der Globalisierung bewahren soll.

Die, die da sprechen, tun so, als ob sie das Volk vor der gehässigen Welt draußen schützen wollten. Einerseits. Und dann ist, andererseits, der blanke Hass zu hören. Gemeinheiten werden salonfähig. Der Zynismus gegenüber jenen ganz unten wird zum Parteiprogramm. Die Rechten treten nach unten. Gewaltbereitschaft gegenüber Minderheiten und die Verachtung gegenüber jenen, die anders denken, werden geschürt. Selbst das Bierzelt wird gegen die »Horden« verteidigt, wie wir aus einer besonders dreisten Rede des österreichischen Innenministers erfahren dürfen.

Mit diesem Stück wollen wir die Wörter dokumentieren, die wieder ausgesprochen werden dürfen. Und es ist auch wichtig, die Dinge und Tatsachen einzuordnen, die in den vergangenen Monaten in Wien, der Hauptstadt der Rechten, zu sehen waren.

Hier präsentiert sich die Regierung des europäischen »Rockstars« Sebastian Kurz – so nannte ihn Richard Grenell, Donald Trumps US-Botschafter in Berlin – als freundliches Role Model der Rechten. Kurz und seine Regierungspartner von der FPÖ inszenieren in der Migrationspolitik den Ausnahmezustand. Die europäische Solidarität, die Kooperation der Staaten, das Mitgefühl mit den Schwachen, eine der Grundlagen von Europas friedlicher Entwicklung nach 1945, stehen nun auf einmal zur Disposition.

Genau das ist das Ziel von Europas Nationalisten, die nie an einem Strang gezogen haben, eben weil sie die nationale Auseinandersetzung brauchen, die Emotion, die Angst und die Unsicherheit. Sie brauchen den Feind von außen, sonst ergeben Grenzen und Beschwörungen des Nationalen keinen Sinn. Sie müssen die EU als einen korrupten und gierigen Moloch darstellen, überfordert von den Gefahren der Migration.

Weil reale Gefahren fehlen, werden diese buchstäblich inszeniert, mit öffentlichen Mitteln. Österreichs Innenminister Herbert Kickl, einst Propagandist von Jörg Haiders FPÖ (»Daham statt Islam«), hält Grenzübungen mit Hunderten Soldaten und Polizeischülern ab, so wie es schon Ungarns Premier Viktor Orbán 2016 getan hat.

Wie ein Feldherr blickt Kickl aus dem Hubschrauber hinab auf das selbst geschaffene Szenario einwandernder und die Fäuste schwingender »Horden«, die in Wahrheit doch nur Polizeischüler sind. Auch die Journalisten werden zu Statisten von freiheitlichen Parteimedien.

Österreichs Vizekanzler Heinz-Christian Strache, in Jugendtagen unterwegs mit Neonazis, umarmt derweil Italiens Neofaschisten Matteo Salvini für ein Selfie. Salvini ist der Mann, der 2015 via Twitter Prügel für stehlende Roma forderte und das Europäische Parlament verhöhnt. Er will die Straßen säubern, wie er erklärte. Wer es nicht glaubt, kann das auf Youtube und Twitter anhören. Auf der Straße und am Strand bejubeln ihn die Leute wie einen Befreier. Beim vertraulichen Innenminister-Treffen filmt er heimlich seinen von ihm provozierten Kollegen aus Luxemburg, um ihn bloßzustellen, als er »Scheiße nochmal!« flucht. Salvini hält sich an nichts.

Die rechten Agitatoren insinuieren, es breche ein »Einwanderungstsunami« über uns herein, deshalb weisen sie Schiffe mit Flüchtlingen an den Häfen ab. Das Recht, in Europa Asyl zu beantragen, will unsere Regierung abschaffen, die Europäische Menschenrechtskonvention stellen sie in Frage, ausgerechnet in Nordafrika wollen sie Lager errichten. Ein freiheitlicher Wehrsprecher phantasierte gar von »Besetzung auf Zeit«.

Die Wahrheit: Haben im Krisenjahr 2015 noch 88 000 Menschen in Österreich und 746 000 in Deutschland einen Asylantrag gestellt, waren es laut österreichischem Innenministerium 2018 bis September nur mehr rund 10 000 in Österreich beziehungsweise 140 000 in Deutschland. Die Außengrenzen sind durch einen Wassergraben namens Mittelmeer gesichert, der die Leute dennoch nicht abhält. Jeder 18. Flüchtling ertrinkt im Mittelmeer. Es wären noch viel mehr, gäbe es keine Rettungsschiffe jener NGOs, die der österreichische Bundeskanzler Sebastian Kurz neuerdings als Komplizen der Schlepper diskreditiert.

Dass die Integration der Fremden erstaunlich gut funktioniert, kommunizieren die Rechten nicht, es würde ihre Geschäftsgrundlage zerstören. Dreißig Prozent der Flüchtlinge, die 2015 gekommen sind, haben bereits einen Job. Die Kriminalitäts- und Arbeitslosenrate sinkt, auf dem Land gibt es Hunderte beherzte Initiativen, die Flüchtlingen helfen.

Wo Europas Staatenlenker Augenmaß bewahren müssen, so wie es Deutschlands bürgerliche Kanzlerin Angela Merkel am Höhepunkt der »Asylkrise« im Herbst 2015 tat, sammeln die Rechten »Likes« für das Schüren von Emotion. Die integrative Ansprache wird ersetzt durch eitles und polarisierendes Geschwätz, das die Lehren des 20. Jahrhunderts verkennt. Die Provokation ersetzt die Politik: Salvini erklärt den »Illegalen«, dass das schöne Leben vorbei sei und sie die Koffer packen müssten. In Ungarn schwärmt die Parteijugend des Fidesz aus und klebt rote Aufkleber an die Türen von Universitätsinstituten, wenn diese »illegale Migration« fördern.

Auch Kanzler Kurz hat kein Interesse an der Integration der bereits hier lebenden Migranten. Deshalb kürzt er die Integrationsbudgets, deshalb diskreditiert er islamische Kindergärten mit frisierten Studien als Brutstätten des Dschihadismus. Deshalb streicht er die Mittel für die Sprachkurse. Deshalb setzt er die Mindestsicherung für »subsidiär Schutzberechtigte« auf null. Deshalb kürzt er die Familienbeihilfe für EU-Bürger, wenn deren Kinder im Ausland wohnen. Deshalb stachelt die mit ihm regierende FPÖ im Netz mit perfiden Pamphleten den Hass gegen »Erntearbeiter« an, weil die kein Schweinefleisch essen dürfen; deswegen agitieren sie auf Memes gegen »Kopftuchmädchen«, die während des Ramadan fasten und angeblich nichts lernen wollen. Deshalb erleben wir immer heftigere staatliche Angriffe auf jene muslimische Mittelschicht, die lernen, arbeiten und Unternehmen aufbauen will. Als »Erd- und Höhlenmenschen« bezeichnete ein FPÖ-Mandatar Flüchtlinge. Er sitzt immer noch im Parlament. Mit Bildern süßer Lämmchen agitieren die Rechten gegen das Schächten. Der Fremde ist ein Barbar.

Mit bürokratischen Schikanen will man derzeit auch Zehntausenden Österreichern die Staatsbürgerschaft entziehen, weil sie in der Türkei auf Erdoğans Wahllisten stehen. Anstatt das Problem human zu lösen (mittels Strafen und einer Aufforderung, sich zu einem Staat zu bekennen), werden die Österreicher zu Staatenlosen erklärt. Gespalten wird das Volk auch in Südtirol. Den »deutschen« Italienern, und nur ihnen und den ladinischen Südtirolern, werden österreichischen Pässe aufgedrängt, alte Gräben aufgerissen.

Die öffentliche Rede wird derweil durch Propaganda ersetzt. In ganz Europa schaffen sich Rechtspopulisten ihre Medienimperien. Sie bombardieren die sozialen Netzwerke mit erfundenen Nachrichten, Trollarmeen posten Horrorbilder einwandernder »Horden«, verzerren die Wahrheit bis zur Unkenntlichkeit, bedrohen Journalistinnen und Journalisten mit dem Tod. Die öffentlich-rechtlichen Sendeanstalten, die diese Echokammern durch objektive Nachrichten aufbrechen, werden entweder unter politischen Druck gesetzt oder – siehe Ungarn und Polen – von kritischen Geistern gesäubert.

Mit Steuergeldern wird mittlerweile Propaganda betrieben. FPÖ-Innenminister Herbert Kickl beschäftigt 21 Beamte für seine Social-Media-Kanäle. Den Chefredakteur der blauen Hetzplattform *unzensuriert.at* ernannte er zum Chef der Stabsstelle »strategische Kommunikation« im Polizeiministerium, dort macht er Stimmung gegen Fremde und kennt theoretisch jeden Akt.

Langsam, aber doch zieht sich das Bürgertum aus dem

öffentlichen Diskurs zurück. Die Beamtenschaft, Rückgrat der Demokratie, wird durch politische Generalsekretäre dirigiert. Der Verfassungsdienst wurde zum Schweigen gebracht, der Verfassungsgerichtshof mit einem Korporierten unterwandert, der den Europäischen Gerichtshof für Menschenrechte in einem Aufsatz als verantwortlich für die »multikriminelle Gesellschaft« bezeichnete. Immer öfter profitieren Burschenschafter, die ihre Pöstchen nur deshalb bekommen haben, weil sie das gleiche Couleurband tragen wie der Minister. In ihren Kellern beschlagnahmt der Verfassungsschutz Liederbücher, in denen der Holocaust verherrlicht wird. Ehemalige Neonazis wurden zu Kabinettschefs.

Diese Regierung, die im zweiten Halbjahr 2018 die EU-Ratspräsidentschaft innehatte, nimmt die Medien an die Kandare, zumindest versucht sie es. Durch Attacken, Drohungen, aber vor allem durch Schmeichelei und Inseratenkorruption. Journalisten und prominente Moderatoren werden entweder attackiert oder mit Pöstchen milde gestimmt.

Ganz langsam baut die Regierung den Druck auf. FP-Vizekanzler Strache pöbelt einen prominenten TV-Journalisten an, zeiht ihn der Lüge. Der Aufsichtsratschef des ORF fordert die Absetzung unbotmäßiger Auslandskorrespondenten, die über Viktor Orbán kritisch berichten. Das Innenministerium befiehlt allen Polizisten, dass drei kritische Medien boykottiert werden sollen. Für die Boulevard- und Krawallpresse gibt es hingegen »Zuckerl«. Per Facebook-Pingpong verschaffen sich Rechte und der

Boulevard Klicks mit erfundenen Geschichten, der Unterhaltungskapitalismus gedeiht.

Was hierzulande droht, ist in Ungarn und Polen längst Realität. Viktor Orbán hat in einem ersten Schritt die Regionalmedien ausgeschaltet, dann den Rundfunk zum Staatsfunk gemacht und durch Mittelsmänner kritische Medien schließen lassen. Intellektuelle verlassen das Land, die von George Soros gegründete Uni wandert ab nach Wien und Berlin. In Polen steht die Justiz unter Beschuss. In Italien droht der Innenminister einem berühmten Anti-Mafia-Journalisten mit dem Entzug des Polizeischutzes.

Das ist die Kulisse, vor der wir die Reden der Herrschaften Matteo Salvini, Viktor Orbán, Heinz-Christian Strache, Herbert Kickl, Jarosław Kaczyński hören. Es ist die Kulisse, die nun auch Donald Trumps Wahlstratege, der Rechtsextremist Steve Bannon, betritt. Der ehemalige Chef des weit rechts stehenden Nachrichtenportals *Breitbart* und Ex-Strategiechef von Präsident Trump will die Rechten Europas einen, die EU schwächen. Mit Orbán und Salvini führte er Gespräche. Österreichs Rechten ist er noch suspekt, die Frage ist, wie lange noch.

Muss man Angst haben? Während Europa im Jahr 2000, beim ersten Regierungseintritt eines Rechtspopulisten, noch mittels Sanktionen einen demokratiepolitischen Seuchenteppich um Österreich legte, werden das Land und seine Regierung nun bewundert. Alles kann passieren.

Das Polittheater *Alles kann passieren!* wurde erstmals am 21. November 2018 im Wiener Akademietheater aufgeführt. Die Sprecherinnen waren Andrea Clausen, Stefanie Dvorak, Petra Morzé und Christiane von Poelnitz.

Die Autoren und der Verlag bedanken sich bei Gerald Knaus, Angela Mayr, Elisa Tomaselli und Francesco Collini für vorhergehende Recherchen.

TEXTNACHWEISE

QUELLEN

Matteo Salvini: Europäisches Parlament, Straßburg, April 2017
www.epochtimes.de/politik/europa/salvini-sorgte-schon-immer-fuer-aufsehen-zur-eu-fuehrung-sagte-er-ihr-seid-nicht-normal-euch-sollte-ein-sehr-guter-arzt-therapieren-a2508642.html?text=1
Herbert Kickl:
Kongress »Verteidiger Europas«, Redoutensäle, Linz, 29. Oktober 2016
www.youtube.com/watch?v=v9i7Qv8ipEI
Reden von Viktor Orbán aus:
www.miniszterelnok.hu/page/5/?s=reden
und dusseldorf.mfa.gov.hu/deu/page/reden-von-ministerpraesident-viktor-orban
Matteo Salvini: Europäisches Parlament, Straßburg, 3. Mai 2017
www.epochtimes.de/politik/europa/falsche-fluechtlinge-und-soros-matteo-salvini-dankt-orban-fuer-widerstand-gegen-diktat-der-europaeischen-sowjetischen-union-video-a2113006.html
Jarosław Kaczyński: Gazeta Niezależna, 16. September 2015
Viktor Orbán und Jarosław Kaczyński: Krynica/Polen, September 2016
www.faz.net/aktuell/feuilleton/debatten/viktor-orbans-ideen-zum-autoritaeren-staat-14438737.html
Mateusz Morawiecki: Münchener Sicherheitskonferenz, Februar 2017
www.youtube.com/watch?v=_7YU1b2LWoE

Heinz-Christian Strache: Pressekonferenz, Wien, 24. April 2018
www.youtube.com/watch?v=NGIXOn1JhoM
Heinz-Christian Strache: Akademikerball, Wien, 26. Jänner 2018
www.facebook.com/HCStrache/videos/meine-rede-videaufzeichnung-beim-wundervollen-wiener-akademikerball-2018-welche-/10155682077408591
Matteo Salvini: Konferenz »Europa der Nationen und der Freiheit«, Koblenz, 21. Jänner 2017
michael-mannheimer.net/2017/01/23/enf-in-koblenz-es-spricht-matte-salvini-lega-nord
Herbert Kickl: Parlament, Wien, 9. November 2017
www.parlament.gv.at/PAKT/VHG/XXVI/NRSITZ/NRSITZ_00001/fname_678451.pdf
Norbert Hofer: Akademikerball, Wien, 3. Februar 2017
www.dahamist.at/index.php/2017/02/09/hofers-bemerkenswerte-rede
Miloš Zeman: Weihnachtsansprache 2015 und Rede 2015
zuerst.de/2015/12/27/weihnachtsansprache-des-tschechischen-praesidenten-es-ist-unser-land
www.t-online.de/nachrichten/ausland/krisen/id_76548692/milos-zeman-wiegelt-gegen-fluechtlinge-auf.html
www.medias-presse.info/le-president-tcheque-milos-zeman-veut-expulser-les-migrants-economiques-et-les-personnes-suspectees-de-terrorisme-la-presse-ne-parle-que-de-deportation/49208
www.spiegel.de/politik/ausland/tschechien-praesident-milos-zeman-fordert-deportation-von-wirtschaftsfluechtlingen-a-1077207.html
www.focus.de/politik/videos/einzige-loesung-der-fluechtlingskrise-tschechischer-praesident-zeman-fordert-deportation-von-wirtschaftsfluechtlingen_id_5281526.html
ecoleusti.wordpress.com/2015/08/06/aktuell-demos-und-der-rassistische-alltag-in-tschechien
www.radio.cz/de/rubrik/schauplatz/niemand-hat-euch-eingeladen-haessliche-toene-in-der-tschechischen-fluechtlingsdebatte
Herbert Kickl: Wieselburg, Österreich, 29. Juni 2017
www.youtube.com/watch?v=FCBPrkNmKok
Matteo Salvini: 18. Februar 2017
www.facebook.com/poterealpopolo.org/videos/salvini-serve-pulizia-contro-migranti/587401891602528
Matteo Salvini: Fernsehen, TeleLombardia, 2018
video.repubblica.it/politica/rom-salvini-faremo-un-censimento-quelli-italiani-purtroppo-ce-li-dobbiamo-tenere/308250/308881

Matteo Salvini: auf Twitter
twitter.com/matteosalvinimi
Gemeinsames Pressefoyer mit Matteo Salvini und Heinz-Christian Strache am 14. September 2018
www.youtube.com/watch?v=hODXXF6Ib_E

Doron Rabinovici, geboren 1961, lebt als Schriftsteller und Historiker in Wien. 2013 zeichnete er gemeinsam mit Matthias Hartmann (Regie) am Burgtheater für das Projekt *Die letzten Zeugen* verantwortlich. Zuletzt erschienen: *Die Außerirdischen* (Suhrkamp 2017).

Florian Klenk, geboren 1973, ist Jurist und Journalist und seit 2012 Chefredakteur der Wiener Wochenzeitung *Falter*. 2011 ist bei Zsolnay sein Reportageband *Früher war hier das Ende der Welt* herausgekommen.